BEI GRIN MACHT SICH IHR WISSEN BEZAHLT

Strategischer Wandel in der Fitness- und Gesundheitsbranche. Strategische Unternehmensführung anhand eines Fallbeispiels

Lisann Schüttler

Bibliografische Information der Deutschen Nationalbibliothek:

Die Deutsche Nationalbibliothek verzeichnet diese Publikation in der Deutschen Nationalbibliografie; detaillierte bibliografische Daten sind im Internet über http://dnb.d-nb.de abrufbar.

ISBN: 9783346733443
Dieses Buch ist auch als E-Book erhältlich.

© GRIN Publishing GmbH
Nymphenburger Straße 86
80636 München

Druck und Bindung: Books on Demand GmbH, Norderstedt Germany
Gedruckt auf säurefreiem Papier aus verantwortungsvollen Quellen

Das Buch bei GRIN: https://www.grin.com/document/1278752

Deutsche Hochschule für

Prävention und Gesundheitsmanagement

Einsendeaufgabe

Fachmodul:	Marketing 2
Studiengang:	Fitnessökonomie
Datum **Präsenzphase**	**21.01.2019-24.01.2019**
Name, Vorname:	Schüttler, Lisann
Studienort:	**Hamburg**
Semester:	**WS. 2016**

Inhaltsverzeichnis

1 Preismanagement und Kooperationen

Im folgenden wird eine geeignete Preisstruktur für die Mitgliedschaften der X&Y Health GmbH erstellt.

1.1 Preiselastizität der Nachfrage

Die X&Y Health GmbH verzeichnete im Januar 2017 2.700 Mitglieder bei einem Mitgliedspreis von 40,90 Euro. Das Unternehmen plant eine Preiserhöhung auf 45,90 Euro und rechnet mit einem Mitgliederrückgang auf 2.400. Im folgenden wird die Preiselastizität der Nachfrage berechnet. Mit der Preiselastizität (der Nachfrage) misst man die Empfindlichkeit der nachgefragten Menge eines Gutes oder einer Dienstleistung im Hinblick auf eine Änderung des Preises um ein Prozent.

Formel zur Berechnung der Preiselastizität:

(ε) = Änderung der Menge in % / Änderung des Preises in %

Wenn E > -1 ist, dann spricht man von einer unelastischen Nachfrageelastizität.

Prozentuale Veränderung des Preises:

40,90 € = 100% → 45,90 € = 112,22 %

Die Preisveränderung beträgt 12,22 %.

Prozentuale Veränderung der Nachfrage:

2.700 Mitglieder = 100% → 2.400 Mitglieder = 88,89 %

Als Folge der Preiserhöhung wird ein Nachfragerückgang von 11,11 % erwartet.

Preiselastizität der Nachfrage:

(ε) = 11,11% : 12,22% = 0,91

Es ergibt sich eine Preiselastizität von 0,91. Da dieser Wert kleiner als 1 ist, spricht man hier von einer unelastischen Nachfrage. Diese zeichnet sich dadurch aus, dass die prozentuale Mengenänderung kleiner als die prozentuale Änderung des Preises ist. Im Hinblick auf das Unternehmen bedeutet die geringe Preiselastizität, dass die Interessenten bzw. Mitglieder keine bis wenig vergleichbare günstigere Alternativen zum Angebot der X&Y Health GmbH haben. Aus diesem Grund erwartet das Unternehmen auch einen relativ geringen Verlust an Mitgliedern durch die Preiserhöhung. Die geplante Preiserhöhung ist demnach als wirtschaftlich rentabel einzustufen.

1.2 Preisbildung

Der Markt der X&Y Health GmbH wurde bisher auf das süd-westliche Bundesgebiet beschränkt. Um das Markgebiet zu erweitern bzw. zu expandieren, sollen weitere Anlagen auf dem Markt etabliert werden. Das Ziel ist es, eine geeignete Preisstruktur für die Mitgliedschaften innerhalb der Clubs zu finden, um das Firmenwachstum weiter voran zu treiben.

1.2.1 Anlässe der Preisbildung

Ein Anlass der Preisbildung ist die Markterschließung, da vorhandene Produkte bzw. „Clubs" in andere Bundesgebiete eingeführt werden sollen. Die Expansion verursacht eine Veränderung des Absatzvolumens, da die Nachfrage nach den eigenen Produkten bzw. Dienstleistungen steigt. Des weiteren verändert sich auch das Marktvolumen, da durch die Expansion die Gesamtnachfrage auf dem Markt steigt. Da die X&Y Health GmbH ein bestehendes Produkt/Dienstleistung auf einem bestehenden Markt (Fitness- und Gesundheitsmarkt) etablieren möchte, ist die Strategie der Marktdurchdringung nach Ansoff zu empfehlen.

1.2.2 Kostenorientierte Preisbildung

Im folgenden wird anhand der kostenorientierten Preisbildung ein geeigneter Mitgliedsbeitrag für das Unternehmen berechnet. Hierbei werden die variablen und fixen Kosten,

welche in einem Unternehmen anfallen als Grundlage der Preisbestimmung herangezo-
gen. Im Rahmen der Preisbildung mittels des Zuschlagverfahrens wird auf die berech-
neten Kosten anschließend ein Gewinnzuschlag hinzuaddiert.

Tab.1: Unternehmensdaten zur Berechnung des Mitgliedsbeitrages (eigene Darstellung, 2019)

Fixkosten für eine neue Anlage	650.000 Euro (Netto) pro Jahr
Mitglieder Anzahl	2800
Variable Kosten	8,50 Euro (netto) pro Person und Monat
Gewinnzuschlag	15,00%

Formel zur Berechnung:

$$\text{Stückkosten} = \text{variable Kosten} + \left(\frac{\textit{fixe Kosten}}{\textit{Absatzmenge } x \, 12 \, \textit{Monate}} \right)$$

Rechenweg:

$$8,50 \, € + \frac{650.000}{2800 \, x \, 12} \qquad 8,50 \, € + 19,35€ = 27,85€$$

Gewinnzuschlag (15%):

27,85€ = 100%

32,03€ = 115%

32,03 € + 19% (MwSt.) = 38,12 €

Der Mitgliedsbeitrag müsste mindestens bei ca. 38,00 € monatlich liegen, um wirtschaftlich rentabel zu sein. Pro Mitglied würden monatlich 4,17 € Gewinn erzielt werden.

1.2.3 Konkurrenzorientierte Preisbildung

Im Rahmen der konkurrenzorientierten Preisbildung wird innerhalb eines Marktes die
Rolle eines Preisführers anerkannt, an dessen Leitbild sich andere Konkurrenten in ihren
Preissetzungen orientieren (Fürst, 2013). Zum einen erfolgt die Preisbildung durch die
Ausrichtung an Marktpreisen und zum anderen durch öffentliche Ausschreibungen. Die

X&Y Health GmbH orientiert sich im Rahmen ihrer Preisbildung an dem Marktpreis. Bei der Preisbildung anhand des Marktpreises wird wiederum zwischen der Orientierung am Preisführer oder am Branchenpreis unterschieden (Dunker, 2006). Da das Unternehmen generell dem mittleren bis hohen Preissegment zuzuordnen ist und sich durch eine hohe Service und Dienstleistungsqualität auszeichnet, ergibt es wirtschaftlich gesehen wenig Sinn, den Preis des neuen Konkurrenten zu unterbieten. Um sich dennoch von der Konkurrenz abzuheben, sollte der geplante Preis der X&Y Health GmbH bestehen bleiben und gleichzeitig die Service und Dienstleistungsqualität hervorgehoben werden.

2 Strategische Analysemethoden

Im kommenden Abschnitt wird der Branchenführer des digitalen Fitness-App-Markt „Freeletics" anhand von einigen Instrumenten des strategischen Managements analysiert.

2.1 Five-Forces-Modell

Mit dem Five-Forces-Modell von Porter können Unternehmen die Attraktivität eines Marktes analysieren. Es umfasst fünf Elemente: Lieferanten, neue Wettbewerber, Kunden, Substitutionsprodukte und den Branchenwettbewerb. Diese ermöglichen eine ganzheitliche Sicht auf das aktuelle sowie potenziell zukünftige Marktumfeld (Christian Schawel, Fabian Billing, 2012).

2.1.1 Verhandlungsstärke der Zulieferer

Da es sich bei dem Unternehmen um eine App handelt, dient als Lieferant in diesem Fall der „App-Store" bei Apple Endgeräten, sowie der „Playstore" bei Android Geräten. Das Unternehmen ist demnach stark von den Software und Hardware Herstellern für mobile Endgeräte abhängig. Da das Unternehmen außerhalb der App auch ihre eigene Sportbekleidung sowie Trainingszubehör vertreibt, spielen Textilzulieferer ebenso eine große Rolle und besitzen eine Verhandlungsvollmacht gegenüber Freeletics. Erhöht der Zulieferer beispielsweise seine Preise, so müsste Freeletics seine Preise dementsprechend anpassen.

2.1.2 Bedrohung durch neue Anbieter

Die Bedrohung durch den Markteintritt neuer Konkurrenten ist auf dem Marktgebiet sehr stark ausgeprägt. Im Zuge der Digitalisierung kommen immer mehr Unternehmer auf die Idee ihre Produkte online zu vermarkten und Apps oder Online Programme zu entwickeln. Anbieter wie die „Gymondo" GmbH stehen in direkter Rivalität mit der „Freeletics" App, da sie eine ähnliche Positionierung aufweisen. Hinzu kommen die „Influencer", welche zum Teil eigene Fitness-Programme auf den Markt bringen (z.B. Sophia Thiel, Detlef D. Soost).

2.1.3 Verhandlungsstärke der Abnehmer/Kunden

Die Verhandlungsstärke der Kunden kann starken Einfluss darauf haben, wie ein Unternehmen seine Preise und Qualität ausrichtet. Besitzt der Kunde viele Vergleichsmöglichkeiten und eine hohe Auswahl an Ersatzprodukten, so ist die Verhandlungsvollmacht stark ausgeprägt. Auf dem Markt der Fitness-Apps gibt es eine Vielzahl von Angeboten mit ähnlichen Leistungen, welche teilweise sogar kostenlos angeboten werden. Freeletics schafft es dennoch, die Masse für ihr Produkt zu begeistern, indem es ein Differenziertes Angebot anbietet.

2.1.4 Bedrohung durch Ersatzprodukte

Der Erfolg und die Attraktivität eines Unternehmens wird stark von den möglichen Ersatzprodukten beeinflusst. Aufgrund der Vielzahl von Vergleichsmöglichkeiten und den ständig wechselnden Trends in der Fitnessbranche, ist die Gefahr groß, dass die Kunden ein Ersatzprodukt finden, mit dem sie zufriedener sind. Zudem wächst der Nahrungsergänzungsmittel Markt immer mehr. Die Unternehmen versprechen den Abnehmern ihre Ziele durch Nahrungsersatz- bzw. Ergänzungsprodukte wie Abnehm- oder Muskelaufbau Shakes zu erreichen. Die Kunden erhoffen sich dadurch eine einfach und bequeme Möglichkeit ihre Ziele zu erreichen.

2.1.5 Rivalität der Mitbewerber (einer Branche)

Durch die große Anzahl an Fitness-Apps auf dem Markt herrscht eine starke Rivalität der Mitbewerber. Teilweise werden Apps mit einem ähnlichen Angebot sogar kostenlos angeboten, weshalb Freeletics mit allen Mitteln versuchen muss, aus der Masse hervorzustechen. Einige relevanten Mitbewerber sind unter anderem: Nike+Training Club, Fitnet, Sworkit und Seven Minutes.

2.2 Durchführung einer SWOT-Analyse

Tab.2: SWOT-Teilanalyse: Stärken und Schwächen des Unternehmens "Freeletics" (eigene Darstellung, 2019)

Stärken	Schwächen
Hohe Flexibilität: Das Trainingsprogramm kann zu jeder Zeit an jedem Ort (Im freien oder Zuhause) durchgeführt werden (Matthias Jung,2014). Die Nutzer entscheiden selbst über den Umfang der Trainingswoche (Heinzerling, 2017).	**Verletzungsrisiko durch falsch ausgeführte Übungen:** Der Konzeptbedingte Zeitdruck während der Übungen sorgt für unkontrollierte und unsaubere Ausführungen, welche sich aufgrund der hohen Wiederholungszahlen schnell auf die Gelenke auswirken (Heinzerling, 2017). Dies kann gerade bei Trainingsanfängern oder gesundheitlich vorbelasteten Personen zum Gesundheitsrisiko werden (Momir Takac, 2016).
Community Gefühl: Durch den einfach Zugang zu einer großen Community von gleichgesinnten Sport und Fitnessfans kann man sich gegenseitig austauschen und motivieren (www.hammer.de)	**Transformationsvideos erwecken falsche Hoffnungen:** Das Unternehmen wirbt mit Transformationsvideos, welche eine schnelle Zielerreichung versprechen. Da die Ernährung jedoch 80% des Erfolges ausmachen, darf man nicht erwarten, dass das Sportprogramm alleine zu den Zielen führt. Der Ernährungsaspekt wird im Marketing weniger betont (Heinzerling, 2017).
Kostengünstige Premium-Mitgliedschaft : Die Nutzer erhalten einen regelmäßig nach Leistungstand aktualisierten Trainingsplan von dem sogenannten „Coach" (Matthias Jung, 2014). Das kostenpflichtige Paket mit dem gesamten Leistungsumfang und individuellem Trainingsplan kostet im 3-Monats-Abo 34,99 € (onlinefitnessstudios.com). Dies ist mit gerade mal 2,31€/Woche deutlich günstiger als ein herkömmliches Fitnessstudio.	**Kein Isoliertes Training möglich:** Anders als beim isolierten Training an Kraftstationen ist es beim Freeletics Programm nicht möglich, eine gezielte Muskelgruppe zu beanspruchen. Dies ist wichtig, um muskuläre Dysbalancen und Defizite auszugleichen. Ein präventives Training ist demnach nicht möglich (www.hammer.de)

Tab.3: SWOT-Teilanalyse: Chancen und Risiken des Unternehmens Freeletics (eigene Darstellung, 2019)

Chancen	Risiken
Steigende Nutzerzahlen: Seit 2014 legen Gesundheits- und Fitness-Apps um 330 Prozent zu. In den letzten drei Jahren hat sich die Nutzung mehr als vervierfacht (Oath, 2017). Laut einer neusten Analyse von „Flurry Analytics" bleiben 96% der aktiven Nutzer ihrer gewählten App treu (Flurry Analytics, 2017).	**Steigende Konkurrenz:** Größere Konkurrenz durch immer mehr Mitbewerber auf dem Markt (u.a. auch Smartwatches). Diese bieten zum Teil auch eigene Workouts an, wodurch die App „Freeletics" möglicherweise irgendwann unbrauchbar werden könnte. Ca. 4 Prozent der Deutschen besitzen aktuell eine Smartwatch – Tendez steigend (Deloitte, 2017).
Steigendes Gesundheitsbewusstsein: Das Gesundheitsbewusstsein der Deutschen immer immer weiter zu. „Rund 49,6 Prozent, also beinahe jeder Zweite, versucht sich durch regelmäßige sportliche Betätigung fit zu halten." (Dorn, 2016).	**Fitnessstudios entwickeln eigene Apps:** Fitnessstudio Mitglieder profitieren im Trainingsbereich von den neuen Technologien und der Digitalisierung. Immer mehr Fitnessstudios besitzen eigene Apps für die Trainings- und Kursplanung (DSSV, 2018).
Digitalisierung der Fitnessbranche: Die Digitalisierung der Fitnessbranche schreitet immer weiter voran und wird in Zukunft eine große Rolle spielen. Ca. 11 Prozent der sportlich Aktiven in Deutschland nutzen inzwischen Fitness-Apps und knapp 4 Prozent nutzen das Angebot von Online-Fitnessstudios (Deloitte, 2018).	**Erhöhte Preissensibilität der Abnehmer:** Durch die immer größere Auswahl an Online Angeboten, welche zum Teil kostenlos angeboten werden, steigt die Preissensibilität der Abnehmer.

2.3 Erstellung einer SWOT-Matrix

In der folgenden Tabelle wird anhand der Stärken und Schwächen sowie Chancen und Risiken des Unternehmens eine SWOT-Matrix erstellt.

Tab. 4: SWOT-Matrix für das Unternehmen "Freeletics" (eigene Darstellung, 2019)

	Chancen (Chances)	Risiken (Threats)
	• Nutzerzahl von Fitness-Apps steigert sich • Gesundheitsbewusstsein nimmt immer weiter zu • zunehmende Digitalisierung	• Steigende Konkurrenz durch ähnliche, kostengünstigere Angebote • Nutzung konventioneller Fitnessstudios • Erhöhte Preissensibilität der Abnehmer
Stärken (Strengths): • Flexible Handhabung der App • Community Gefühl • Kostengünstige Mitgliedschaften mit flexiblen Laufzeiten	**S-O Strategie:** • Breitere Produktpalette für alle verschiedenen Zielgruppen anbieten • Auf weitere Trends der Digitalisierung eingehen und diese	**S-T Strategie:** • Kooperation mit Fitnessstudios - Community Lifestyle und Bekanntheitsgrad durch „Freeletics" Kurse in Fitnessstudios erhöhen • Das Angebot auf die günstigere Konkurrenz anpassen und mehr als diese bieten

	Chancen (Chances)	Risiken (Threats)
Schwächen (Weakness): • Hohes Verletzungs-risiko durch falsche Ausführung • Unrealistische Transformationsvideos – Ernährungsaspekt steht nicht im Vordergrund • Isoliertes Training ist nicht möglich	**W-O Strategie:** • Workshops anbieten, bei welchen die korrekte Übungsausführung durch professionelle Trainer erlernt wird • Ernährungsaspekt weiter ausbauen und in Marketing integrieren	**W-T Strategie:** • Realistische Transformationsvideos und Werbekampagnen entwickeln, bei welchen das Thema Ernährung mehr im Fokus steht • Spezielles Programm für Trainingsanfänger oder Vorbelastete Kunden entwickeln • Software zur Erkennung von falsch ausgeführten Übungen entwickeln

2.3 BCG-Portofolio und Produktlebenszyklus

Im Rahmen des BCG-Portofolio liegen die Fitness-Apps derzeit im Bereich der „Stars". Diese zeichnen sich durch einen hohen relativen Marktanteil und eine hohe Marktwachstumsrate aus. Um den Marktanteil zu halten bzw. noch weiter zu vergrößern, sind hohe Investitionen nötig, welche die Unternehmen in der Regel selbst erwirtschaften. Das Unternehmen „Freeletics" befindet sich im Rahmen des Produktlebenszyklus derzeit noch in der Wachstumsphase. Die Fitness-App wurde im Jahr 2013 gegründet und durchlief demnach bereits die Entwicklungs- und Einführungsphase. Das Unternehmen gewinnt immer mehr Bekanntheitsgrad durch seinen exzellenten Marketingauftritt und kann sich weiter durch die eigene Marke differenzieren. Neben der klassischen „Freeletics Bodyweight" App gibt es mittlerweile drei weitere spezialisierte Apps: Freeletics-Nutrition, -Gym und Running. Somit versucht das Unternehmen alle wichtigen Aspekte und Zielgruppen anzusprechen.

Derzeit nutzen über 30 Millionen Menschen die App und der Umsatz betrug im Jahr 2016 20 Millionen Euro (Quelle: https://t3n.de). Der aktuelle Stand ist, dass eine US-Investorengruppe die drei Gründer raus gekauft hat und Millionen Euro in das weitere Wachstum des Unternehmens steckt (Schlenk, 2018). Der Produktlebenszyklus von Freeletics unterscheidet sich im wesentlichen in der Phase der Einführung vom herkömmlichen Produktlebenszyklus-Modell. Normalerweise ist der Umsatz und die Nutzerzahl in dieser Phase noch relativ gering. Das Unternehmen jedoch erzielte bereits zwei Jahre nach der Gründung über 16 Millionen Euro Umsatz und begeisterte über vier Millionen registrierte Nutzer in über 50 Ländern. Der Gewinn war demnach nicht negativ, wie üblich in der Einführungsphase, sondern schon sehr hoch. Folglich war der Break-Even-Point bereits vor der Wachstumsphase erreicht.

2.4 Fazit

Als Schlussfolgerung der vorangegangenen strategischen Analyse lässt sich feststellen, dass die Einführung einer eigenen Fitness-App für das Unternehmen viel Potenzial verspricht. Da das Klientel der Fitnesskette jung und technikaffin ist, wäre die Entwicklung einer eigenen Fitness-App eine gute Möglichkeit, um das Unternehmensangebot zu erweitern und für die Zielgruppe attraktiver zu gestalten. Wie bereits in 2.4 aufgezeigt wurde, sind Fitness-Apps im BCG-Portofolio im Bereich der „Stars" zu sehen und es macht Sinn, in die Entwicklung einer eigenständigen App zu investieren.

3   Corporate Identity

Im den nachfolgenden Teilaufgaben wird die Corporate Identity des Unternehmens Fitness First analysiert.

3.1 Interview Analyse

3.1.1   Sechs Anzeichen der Überarbeitung der Corporate Identity von Fitness First

1.) Die Clubs sollen generell mitgliederfreundlicher gestaltet werden. Im Zuge dessen werden die Clubs sowohl optisch, als auch im Hinblick auf das Fitnessangebot modernisiert. Es sind hohe Investitionen in die Clubs und Trainingsangebote geplant.

2.) Das Unternehmen möchte sich in Zukunft durch seine gut ausgebildeten und motivierten Mitarbeiter von den Mitbewerbern abheben. Fitness First fördert seine Mitarbeiter durch Zusatzqualifikationen und bietet Ausbildungen und Trainer-Lizenzen in der eigenen „Fitness First Academy" an.

3.) Die Überarbeitung der Corporate Identity lässt sich auch deutlich an dem neuen Logo sowie der neuen Farbwahl erkennen. Die Farbe des Logos wurde von Blau zu Rot geändert, um das Unternehmen mit der Signalfarbe als starken und professionellen Fitnessanbieter darzustellen. Ziel war es hier, sich von dem Trend der Discounter abzuheben. Das „F" im Logo stellt nun gleichzeitig die Zahl Eins dar, was signalisieren soll, das Fitness First die Nummer Eins der Fitnessbranche ist.

4.) Das Kursangebot von Fitness First wurde neu aufgestellt und modernisiert. Sie wollen mit ihrem Angebot aus der Masse stechen, um sich von den Mitbewerbern abzusetzen. Es wurden neue Trends wie „Bike&Beats" aus den USA in das Kursprogramm integriert und neben dem feststehenden Kursangebot werden zielgruppenspezifische „Local Classes" angeboten, wie z.B. Jumping Fitness.

5.) Um die vorhandenen Mitglieder zu binden und neue zu gewinnen, wurde der „Fitness Freitag" eingeführt, bei dem die Mitglieder jeden Freitag kostenlos einen Freund zum Training mitbringen dürfen. Dieses Konzept soll die Mitglieder für ihr effektives Training motivieren.

6.) Als letzten Punkt wurde die sogenannte „How to train" Workshop-Reihe eingeführt. Hierbei werden den Kunden die fehleranfälligen Grundübungen beigebracht. Es wird die korrekte Übungsausführung erlernt, um Folgeschäden vorzubeugen und das Training noch effektiver zu gestalten. Durch diese Art Workshops repräsentiert das Unternehmen das Leitbild der Unternehmensphilosophie und bestärkt seine Professionalität durch die Trainerbetreuung.

3.1.2 Gründe für eine Neuausrichtung der Corporate Identity allgemein und bei Fitness First

1.) Negatives Markenimage

Ein negatives Markenimage kann als Auslöser für eine Neuausrichtung der Corporate Identity dienen. Häufig setzen sich Vorurteile und negative Assoziationen in den Köpfen der Menschen fest und wirken sich negativ auf den Erfolg eines Unternehmens aus.

<u>2.) Ausrichtung zu einer neuen /größeren Zielgruppe hin</u>

Ein weiterer Grund für die Neuausrichtung der Corporate Identity kann die Ausrichtung auf eine neue Zielgruppe sein. Es ist äußerst wichtig für ein Unternehmen eine klare Zielgruppe zu definieren, um alle Unternehmensprozesse sowie das Marketing auf diese auszurichten. Wenn dies nicht geschieht, kann es zu unerwünschtem Publikum kommen. In diesem Fall hilft dann die Neuausrichtung der Corporate Identity.

<u>3.)Modernisierung des Unternehmens</u>

Um an dem stark konkurrenzorientierten Fitnessmarkt bestehen bleiben zu können, müssen die Unternehmen sich weiterentwickeln und mit den aktuellen Trends gehen. Wenn ein Unternehmen jahrelang die gleiche Corporate Identity vermarktet, kann es irgendwann optisch veraltet wirken. Auch das Angebot und die Unternehmensphilosophie müssen mit der Zeit gehen und hin und wieder angepasst werden. Bei FitnessFirst war genau das der Fall, weshalb ein Modernisierungsprozess im Rahmen der Corporate Identity durchgeführt wurde.

<u>4.)Neuausrichtung auf dem Markt</u>

Möchte ein Unternehmen sich auf dem Markt höher positionieren, so muss es seine Corporate Identity dementsprechend anpassen. Wenn sich beispielsweise ein klassisches Inhabergeführtes Fitnessstudio zu einem Premium Studio entwickeln möchte, so wäre es ratsam auch die Corporate Identity auf dieses Segment auszurichten. Dies ist auch bei FitnessFirst der Fall. Das Ziel war es, die Professionalität und Qualität des Unternehmens hervorzuheben.

3.1.3   Veränderung der Corporate Identity bei vier weiteren Unternehmen

<u>1.) McDonald´s</u>

Der bereits seit 60 Jahren bestehende Konzern steckt in der Krise, denn das Industrie-FastFood kommt bei den Kunden nicht mehr gut an. Das Unternehmen hat mit rückläufigen Umsätzen und einem massiven Imageproblem zu kämpfen. Im Jahr 2014 lag der Rückgang bei fast drei Prozent (Zdrzalek, 2015). Die damalige Gründungsidee von einem billigen Burger, der immer gleich und überall erhältlich ist entspricht nicht mehr dem Zeitgeist der heutigen Ansichten. Die Gründe hierfür liegen in dem immer stärker werdenden Körperbewusstsein und Trend zum gesunden Lebensstil der Zielgruppe (Frehse, 2015). „McDonald's hat sein Corporate Design verändert, das McCafé eingeführt und serviert heute neben Pommes auch Salat" (Frehse, 2015). Des weiteren wurde ein neues Verpackungsdesign eingeführt und die Farbwahl vom klassischen Rot zu Grün geändert, was für einen gesunden Lebensstil stehen soll.

2.) Porsche

Die digitalen Kommunikationskanäle haben bei Porsche einen wichtigen Stellenwert, sei es im Internet, im Fahrzeug oder in den sozialen Medien. Der Marketing Chef von Porsche hat gemerkt, dass das bisherige Corporate Design nicht mehr optimal funktioniert und die neue Corporate Identity in allen digitalen Bereichen optimiert. Ein deutliches Kennzeichen hierfür ist die neue Hausschrift, welche überall einheitlich sein soll.

Ein weiterer Punkt sind die noch größeren Bildflächen, welche die Emotionalität der Marke noch stärker hervorheben sollen. Das Ziel war es, ein zusammenhängendes, modernes Erscheinungsbild zu erschaffen, welches über alle Kanäle (insb. Auch im digitalen Bereich) zum Ausdruck gebracht wird (Schröter, 2017).

3.) Subway

Der FastFood Hersteller „Subway" hatte im Jahr 2015 mit Umsatz Einbußen von 4,3 % zu kämpfen. Darauf reagierte der Konzern mit einer Erneuerung des Corporate Designs. Nach 15 Jahren wurde zum ersten mal das Logo des Unternehmens geändert. „This new look reinforces our commitment to staying fresh and forward-thinking with a design that is clear and confident without losing sight of our heritage" (Greco, 2016). Subway setzt mit dem neuen, modernen Design auf das steigende Gesundheitsbewusstsein von Fastfood Konsumenten. Die auffällige, dunkelgrüne Umrandung der Buchstaben wurde entfernt, der Schriftzug wurde dicker und die Pfeile zeigen nun horizontal nach links und rechts. Zudem wurde ein neuer Werbespot gedreht, welcher den Hashtag #SearchForBetter kommuniziert. Dieser soll auf die frischen und lokal angebauten Produkte von Subway deuten (Harringer, 2016).

4.) Bosch

Der Weltkonzern Bosch entwickelte im Jahr 2016 einen neuen Markenauftritt mit ver-
ändertem Corporate Design. Auslöser war der größte Umbruch der Unternehmensge-
schichte: Der Konzern hat eine eigene Cloud entwickelt und bietet Software und Ser-
vices im Internet an. Die digitale Transformation soll auch in dem visuellen Erscheinungsbild des Technologiekonzerns wiedererkennbar sein. Die Farbpalette des Unternehmens wurde ausgeweitet, was für Vielfältigkeit und Individualität stehen soll. Die
sogenannte „Supergraphic" - von Rot über Blau bis hin zu Grün - ist das neue Stilele-
ment (corporate identity portal, 2016).

3.2 Marktstrategien

Im folgenden wird erläutert, welche Wettbewerbsstrategie Fitness First verfolgt und die
Produkt-Markt-Matrix nach Ansoff am Beispiel von Fitness First erklärt.

3.2.1 Wettbewerbsstrategien

Bei der Betrachtung des Unternehmens FitnessFirst lässt sich die Differenzierungsstra-
tegie klar erkennen. Bei dieser Strategie wird die eigene Leistung eines Unternehmens
einzigartig für eine Branche/Segment gestaltet und dafür ein vergleichsweise höherer
Preis erzielt (Weis, 2012). FitnessFirst erreicht dies mit seinem professionellen Service
durch qualifiziertes Fachpersonal und der hohen Qualität in allen Bereichen. Durch ihr
neuen Logo positioniert sich das Unternehmen bewusst als ersten Ansprechpartner für
potenzielle Mitglieder.

Eine weitere Art der Wettbewerbsstrategie ist die Nischenstrategie, welche sich durch
eine klare Ausrichtung auf eine beschränkte Anzahl von Abnehmern und/oder Leistungen auszeichnet (Kotler & Bliemel, 2006). Dabei wird sich auf ein klar umrissenes Segment spezialisiert, wie es zum Beispiel bei EMS-Studios wie „Body Street" der Fall ist.
Bei Unternehmen wie diesen wird sich auf das Training durch Muskelstimulation durch
einen speziellen Reizstrom spezialisiert. Da das Training gerade mal 20 Minuten dauert,

ist es vor allem für Geschäftsleute gedacht, die wenig Zeit zur Verfügung haben (Body Street GmbH, 2019).

Der Marktführer des Discount Segments „McFit" verfolgt klar die Strategie der Kostenführerschaft. Hierbei wird eine niedrigere Kostenstruktur der Produktion und Distribution im Vergleich zu Wettbewerbern angestrebt. Ein solches Unternehmen verfolgt auf dem Markt eine konsequente Niedrigpreisstrategie und gewinnt dadurch eine hohe Anzahl von Abnehmern (Weis, 2012).

3.2.2 Anwendung der Produkt-Markt-Matrix auf Fitness First

Im Rahmen der Produkt-Markt-Matrix nach Ansoff verfolgt Fitness First zum einen die Strategie der Marktdurchdringung. Ziel hierbei ist es, den Marktanteil durch vorhandene Produkte auf den gegenwärtigen Märkten zu vergrößern sowie das Marktvolumen auszuweiten (Nieschlag et al., 2002). Durch das große Angebot von Fitness First, welches nahezu jede Zielgruppe anspricht und die Positionierung als professioneller Anbieter, gewinnt das Unternehmen neue Kunden für sich und kann Kunden der Konkurrenz abwerben. Ein Merkmal, welches ebenso auf das Unternehmen zutrifft, ist die Verbesserung des Kundendienstes. Dies lässt sich daran erkennen, dass das Unternehmen immer mehr Zusatzangebote für die Kunden einführt, wie beispielsweise die „How to train" Workshops oder der „Fitness Freitag".

Des weiteren verfolgt das Unternehmen die Strategie der Produktentwicklung. Dies lässt sich daran erkennen, dass Fitness First 2014 das Online-Fitnessstudio „NewMoove" gekauft hat und somit als erster Anbieter auf dem deutschen Markt ein integriertes Offline- und Online-Angebot anbietet (Fitness First, 2019). Auch in dem Kursbereich lässt sich Strategie der Produktdifferenzierung wiederfinden. Mit der Einführung des von „Bike & Beats" aus den USA sind sie auch hier der erste Anbieter im deutschen Raum, der dieses Kursformat anbietet.

4 Digitalisierung der Fitness- und Gesundheitsbranche

Die Digitalisierung der Fitnessbranche schreitet immer weiter voran und wird in Zukunft eine bedeutsame Rolle einnehmen. Das Spektrum reicht von digital gesteuerten Trainingsgeräten über Zubehör wie Smart-Watches bis hin zu App-basierten Fitnesskonzepten. Bereits 11 Prozent der sportlich Aktiven in Deutschland nutzen inzwischen solche Apps und ca. 4 Prozent nutzen das Angebot von Online-Fitnessstudios (Deloitte, 2018). Um das „Fitnessstudio Kohl" in Berlin attraktiver für Neukunden zu gestalten sowie die Fluktuationsquote zu senken, wird eine Umstrukturierung des Angebots entwickelt. Da das Unternehmen veraltet wirkt und das Preis-Leistungs-Verhältnis nicht gerechtfertigt zu sein scheint werden folgende Maßnahmen ergriffen:

Um das Angebot des Studios zu modernisieren, wird ein elektronisch gesteuerter Kraft-Ausdauer Trainingszirkel in das Repertoire aufgenommen. Dieser funktioniert über eine Chip-Karte, welche alle relevanten Trainingsdaten aufzeichnet. Das Training ist zeitsparend und für jeden Kunden individuell anpassbar. Im Kursbereich werden aktuelle Trend-Kurse wie „Jumping Fitness" und „HIIT"-Training eingeführt.

Zudem wird der Trend der „Smartwatches" und Fitness-Apps aufgegriffen und eine Kooperation mit einem Bekannten Hersteller eingegangen. Mobile Fitnesstracker bilden heute schon einen wesentlichen Bestandteil eines digitalisierten Lebensstils der Selbstoptimierung. 13% aller Deutschen benutzen regelmäßig einen Fitnesstracker (Munich Business School, 2017). Die Kunden können ihre Trainingsdaten und Fortschritte über diese Uhr genau mitverfolgen. Des weiteren wird eine eigene Fitness-App für das Studio entwickelt, welche die Trainings- und Kursplanung optimieren soll. Die Kunden haben durch die App einen Überblick über das aktuelle Kursprogramm und können sich für gewisse Kurse anmelden. Zudem erhalten die Kunden die Möglichkeit sich Termine bei den Trainern eintragen zu lassen. Die Smartwatch und App sind miteinander verknüpft, sodass die Kunden alle Daten und Informationen auf einen Blick parat haben.

Ein weiterer Schritt der Umstrukturierung wird die Integration von Firmenfitness Angeboten und Kooperationen mit Krankenkassen beinhalten. Dieser Schritt sorgt für einen größeren Bekanntheitsgrad des Studios und potenzielle Neukunden.

Um all diese Punkte zeitgetreu zu vermarkten, wird zudem der Trend von Social Media Marketing aufgegriffen. Es wird eine starke Präsenz auf den bekannten sozialen Netzwerken wie Facebook, Instagram und Co. angestrebt. Es wird eine klar positionierte und zielgruppenspezifische Corporate Identity entworfen, um das negative Markenimage des Unternehmens abzulegen.

Ein großes Risiko der Umgestaltung des Unternehmens stellt die Akzeptanz des älteren Publikums dar. Einige der älteren Mitglieder könnten mit der Digitalisierung überfordert sein oder nichts mit den neuen Angeboten anfangen können. Aus diesem Grund muss die Neuausrichtung des Unternehmens Stück für Stück realisiert werden. Es könnten Informationsseminare stattfinden, bei denen den Mitgliedern die neuen Ideen und Konzepte näher gebracht werden.

Ein weiteres Risiko der Digitalisierung stellen die Bewertungs- und Vergleichsportale im Internet dar. Hier können (un)-zufriedene Kunden die Dienstleistung eines Unternehmens bewerten. Da diese Funktionen meist anonym sind, könnten auch Mitbewerber schlechte Bewertungen veröffentlichen, um selbst besser da zu stehen. Die meisten Interessenten informieren sich zunächst im Internet über ein Fitnessstudio, bevor sie sich einen eigenen Eindruck von dem Unternehmen machen. Schlechte Bewertungen können dabei schon mal als Ausschlusskriterium für eine Anmeldung gesehen werden. Diesem Risiko könnte mit einem sehr guten Service und qualifiziertem Fachpersonal entgegen gewirkt werden. Vor allem Neukunden und Kunden, die zum Probetraining kommen sollen einen guten Eindruck von dem Unternehmen haben. Aus diesem Grund wird besonderen Wert auf die After-Sales-Phase gelegt.

5   Literaturverzeichnis

Benjamin Leber. Freeletics Erfahrungsbericht – 15 Wochen Programm. Zugriff am 04.02.2019. Verfügbar unter: https://online-fitnessstudios.com/freeletics/

Bialek, C. & Buchenau, M-W. (2016). Die neue Bosch-Welt ist bunt.

Dunker, M. (2006). Marketing (Das Kompendium, 2. Aufl.). Rinteln: Merkur.

Deloitte, (2018). Pressemitteilungen: Deutschlands Fitnessmarkt in Bestform. Deloitte-Studie zu deutschen Fitnessanbietern zeigt anhaltenden Wachstumstrend und Konso-lidierungstendenzen. Frankfurt/München. Zugriff am 07.02.2019. Verfügbar unter: https://www2.deloitte.com/de/de/pages/presse/contents/studie-2018-deutschlands-fit-nessmarkt-in-bestform.html

DSSV, Arbeitgeberverband deutscher Fitness- und Gesundheits-Anlagen. (2018). Fit-ness-Trend 2018: Betriebliches Gesundheitsmanagement (BGM). Zugriff am 04.02.2019. Verfügbar unter: https://www.dssv.de/presse/fitness-trends-2018/.

Fürst, Ronny (2013). Preiswettbewerb in Krisen: Auswirkungen der Terror-Attentate des 11. September 2001 auf die Luftfahrtbranche. Springer Verlag.

Freeletics vs. klassisches Krafttraining (2015), www.hammer.de Trainingstipps

Frehse, L. (2015). Wie McDonald's sich ändern will. Der Tagesspiegel. Zugriff am 05.02.2019. Verfügbar unter: https://www.tagesspiegel.de/wirtschaft/nach-60-jahren-image-probleme-wie-mcdonalds-sich-aendern-will/11636828.html

Heinzerling, M. (2014). Freeletics – Vorteile und Kritik. Zugriff am 04.02.2019. Ver-fügbar unter https://mheinzerling.de/blog/freeletics-vorteile-und-kritik/.

Harringer, M. (2016). Nach 15 Jahren erhält Subway ein neues Logo. Zugriff am 05.02.2019,Verfügbar unter: https://page-online.de/kreation/nach-15-jahren-erhaelt-subway-ein-neues-logo/

Kyriasoglou, C. (2015). „Es war schon schmerzhaft, schon ein Struggle." Zugriff am 05.02.19. Interview: Freeletics Gründer. Verfügbar unter: https://www.gruenderszene.de/allgemein/freeletics-interview-matijczak-yilmaz-cornelius?interstitial

Kotler, P. & Bliemel, F. (2006). Marketing-Management. Analyse, Planung und Verwirklichung (10., überarbeitete und aktualisierte Aufl.). München: Pearson.

Mazzucco, B., Jung, H. & Kraft, P. (2017). Auswirkungen der digitalen Transformation auf die Fitnessbranche in Deutschland. Munich Business School Working Paper Series. ISSN 2367-3869.

Nieschlag, R., Dichtl, E. & Hörschgen, H. (2002). Marketing (19., überarbeitete und ergänzte Aufl.). Berlin: Duncker und Humblot.

Oath, (2017). Nutzung von Gesundheits- und Fitness-Apps vervierfacht. Zugriff am 06.02.2019. Verfügbar unter: https://www.marketing-boerse.de/News/details/1739-Nutzung-Gesundheits--und-Fitness-Apps-vervierfacht/141138

Presseinformation: 13.12.2016. Neue b4p-Studie zeigt: Gesundheitsbewusstsein der Deutschen nimmt zu. Zugriff am 06.02.2019. Verfügbar unter: https://www.axel-springer.com/de/presseinformationen/neue-b4p-studie-zeigt-gesundheitsbewusstsein-der-deutschen-nimmt-zu

Pressemitteilung (2016). Neuer Markenauftritt von Bosch.Zugriff am 08.02.2019. Verfügbar unter: https://www.ci-portal.de/neuer-markenauftritt-von-bosch/

Schawel C., Billing F. (2012) Five-Forces-Modell. In: Top 100 Management Tools. Gabler Verlag, Wiesbaden.

Schlaffke, W. & Plünnecke, A. (2018). *Studienbrief Marketing II* (rev.19.026.000). Saarbrücken: Deutsche Hochschule für Prävention und Gesundheitsmanagement.

Schröter, R. (2017). Warum Porsche eine neue Corporate Identity braucht. Zugriff am 08.02.2019. Verfügbar unter: https://www.wuv.de/marketing/warum_porsche_eine_neue_corporate_identity_braucht

Takac M. (2016). Freeletics & Co.: Training bis ans Limit. Zugriff am 04.02.2019. Verfügbar unter: https://www.apotheken-umschau.de/Sport/Freeletics--Co.-Training-bis-ans-Limit-501547.html

Weis, H. C. (2012). *Marketing* (Kompendium der praktischen Betriebswirtschaft, 16., verbesserte und aktualisierte Auflage). Herne, Westf: NWB Verlag.

Zdrzalek, L. (2015). Ich liebe es (nicht mehr). Zugriff am 05.02.2019. Verfügbar unter: https://www.zeit.de/wirtschaft/unternehmen/2015-03/mc-donalds-deutschland-krise

6 Tabellenverzeichnis